ed words
in Hebrew

Heather Amery

Illustrated by Stephen Cartwright

Hebrew language consultant: Robert Cook

Edited by Jenny Tyler and Mairi Mackinnon

Designed by Mike Olley and Holly Lamont

34 4124 0014 1610

There is a little yellow duck to find in every picture.

הַסָלוֹן *ha-sa**lon*** The living room

אַבָּאלֶה

***ah**baleh* Daddy

אִמָּאלֶה

***ee**maleh* Mummy

יֶלֶד

***ye**led* boy

יַלְדָּה
*ya**lda*** girl

תִּינוֹק
*tee**nok*** baby

כֶּלֶב
kelev* dog

חָתוּל
*cha**tool*** cat

בְּגָדִים *bgadeem* Clothes

נַעֲלַיִם
na'ala'yeem shoes

תַּחְתּוֹנִים
tachtoneem pants

סְוֶדֶר
sveder jumper

גוּפִיָּה
goofee'ya vest

מִכְנָסַיִם
meechnasa'yeem trousers

חֻלְצַת טְרִיקוֹ
chooltzat treeko t-shirt

גַּרְבַּיִם
garba'yeem socks

אֲרוּחַת בֹּקֶר

*aroo**chat bo**ker*   Breakfast

לֶחֶם

***le**chem*   bread

חָלָב

*cha**lav***   milk

בֵּיצִים

*bay**tzeem***   eggs

תַּפּוּחַ

*ta**poo**ach* apple

תַּפּוּז

*ta**pooz*** orange

בָּנָנָה

*ba**na**na* banana

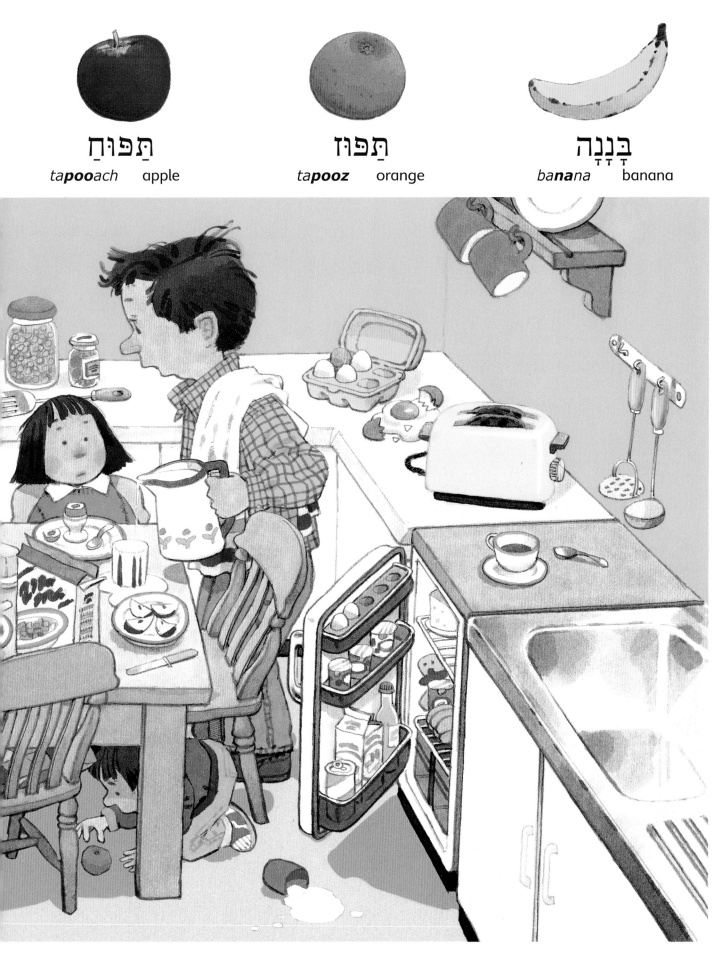

הַמִּטְבָּח

ha-meetbach   The kitchen

שֻׁלְחָן
shoolchan   table

כִּסֵּא
keeseh   chair

צַלַחַת
tzalachat   plate

סַכִּין
sakeen knife

מַזְלֵג
mazleg fork

כַּף
kaf spoon

סֵפֶל
sefel cup

9

צַעֲצוּעִים   *tza'atzoo'eem*   Toys

סוּס

soos   horse

כִּבְשָׂה

keevsa   sheep

פָּרָה

para   cow

תַּרְנְגֹלֶת
*tarne**go**let*   hen

חֲזִיר
*cha**zeer***   pig

רַכֶּבֶת
*ra**ke**vet*   train

קֻבִּיּוֹת
*koobee**'yot***   bricks

11

בִּקוּר ***beekoor*** A visit

סַבְתּוּשׁ
***sav**toosh* Granny

סַבָּאלֶה
***sa**baleh* Grandpa

נַעֲלֵי בַּיִת
*na'a**lay ba'y**eet* slippers

מְעִיל
me'eel   coat

שִׂמְלָה
seemla   dress

כּוֹבַע
kova   hat

הַפַּרְק *ha-**park*** The park

עֵץ
etz tree

פֶּרַח
***pe**rach* flower

נַדְנֵדוֹת
*nadne**dot*** swings

כַּדּוּר
*ka**door*** ball

מַגְלֵשָׁה
maglesha slide

מַגָּפַיִם
magafa'yeem boots

צִפּוֹר
tzeepor bird

סִירָה
seera boat

הָרְחוֹב

*ha-r**chov***   The street

מְכוֹנִית

*mecho**neet***   car

אוֹפַנַּיִם

*ofa**na'y**eem*   bicycle

מָטוֹס

*ma**tos***   plane

מַשָּׂאִית

*masa**'eet*** lorry

אוֹטוֹבּוּס

***o**toboos* bus

בַּיִת

***ba'y**eet* house

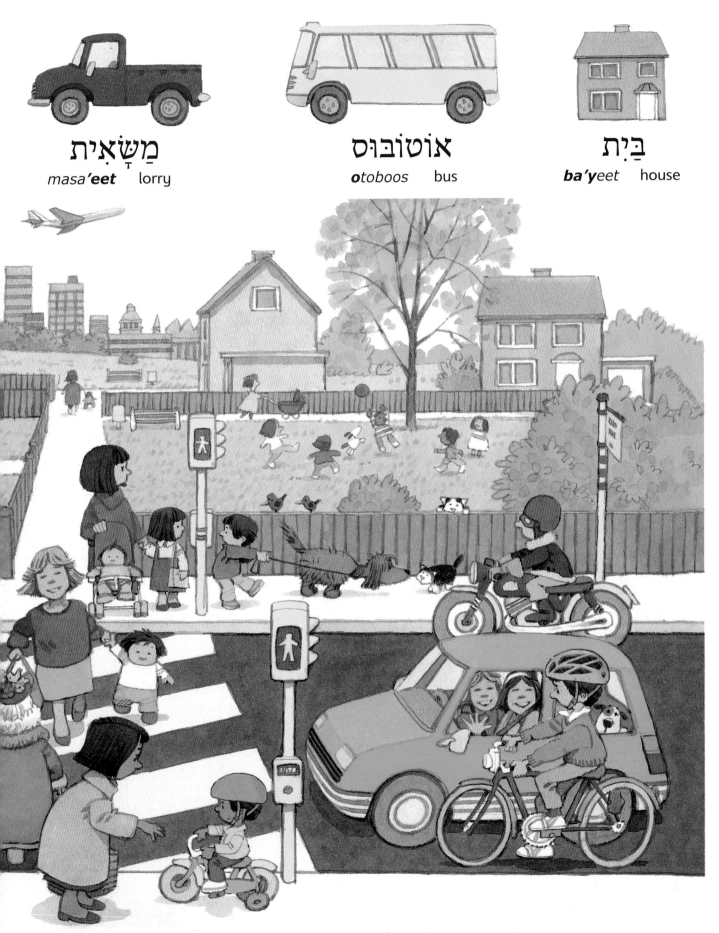

הַמְסִבָּה

*ha-mesee**ba*** The party

בָּלוֹן
*ba**lon*** balloon

עוּגָה
*oo**ga*** cake

שָׁעוֹן
*sha'**on*** clock

גְּלִידָה
gleeda   ice cream

דָּג
dag   fish

בִּיסְקְוִיטִים
*beesk**vee**teem*   biscuits

סֻכָּרִיּוֹת
*sookaree'**yot***   sweets

בְּרֵכַת הַשְּׂחִיָּה *bre**chat** ha-schee'**ya*** The swimming pool

זְרוֹעַ

***zro'**a* arm

יָד

yad hand

רֶגֶל

***re**gel* leg

כַּפּוֹת רַגְלַיִם
kapot ragla'yeem feet

בְּהוֹנוֹת
behonot toes

רֹאשׁ
rosh head

יַשְׁבָן
yashvan bottom

21

חֲדַר הַהַלְבָּשָׁה

chadar ha-halbasha   The changing room

פֶּה
peh   mouth

עֵינַיִם
ayna'yeem   eyes

אָזְנַיִם
ozna'yeem   ears

אַף
af nose

שֵׂעָר
se'ar hair

מַסְרֵק
masrek comb

מִבְרֶשֶׁת
meevreshet brush

23

הַחֲנוּת *ha-cha**noot*** The shop

אָדֹם *a**dom*** red

כָּחֹל *ka**chol*** blue

יָרוֹק *ya**rok*** green

24

צָהֹב
tzahov yellow

וָרֹד
varod pink

לָבָן
lavan white

שָׁחוֹר
shachor black

25

חֲדַר הָאַמְבַּטְיָה

cha*dar* ha-am*ba*tya   The bathroom

סַבּוֹן

*sa**bon***   soap

מַגֶּבֶת

*ma**ge**vet*   towel

אַסְלָה

*as**la***   toilet

26

אַמְבַּטְיָה

*am**ba**tya*   bath

בֶּטֶן

***be**ten*   tummy

בַּרְוָז

*bar**vaz***   duck

חֲדַר הַשֵּׁנָה

*cha**dar** ha-she**na***   The bedroom

מִטָּה
*mee**ta***   bed

מְנוֹרָה
*meno**ra***   lamp

חַלּוֹן
*cha**lon***   window

דֶּלֶת
delet door

סֵפֶר
sefer book

בֻּבָּה
booba doll

דֻּבִּי
doobee teddy bear

Match the words to the pictures

בֻּבָּה
booba

תַּפּוּחַ
tapooach

תַּפּוּז
tapooz

שָׁעוֹן
sha'on

בֵּיצָה
baytza

בָּנָנָה
banana

בַּרְוָז
barvaz

גּוּפִיָּה
goofee'ya

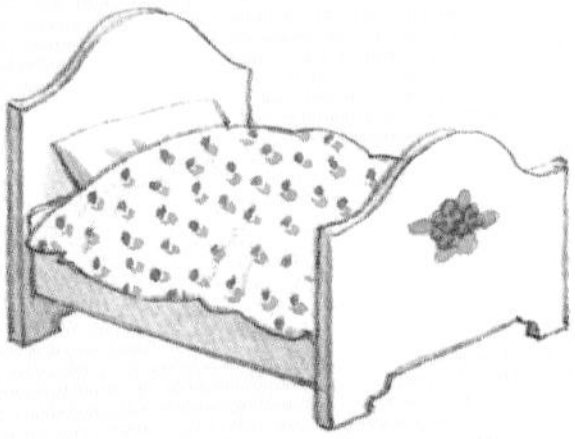

גְּלִידָה
gleeda

גַּרְבַּיִם
garba'yeem

דֻּבִּי
doobee

דָּג
dag

חָלָב
chalav

חַלּוֹן
chalon

חָתוּל
chatool

שֻׁלְחָן	רַכֶּבֶת	פָּרָה	עוּגָה
shoolchan	rakevet	para	ooga

סֵפֶר
sefer

סַכִּין
sakeen

סְוֶדֶר
sveder

מְנוֹרָה
menora

מְכוֹנִית
mechoneet

מִטָּה
meeta

מַזְלֵג
mazleg

כַּדּוּר	כּוֹבַע	כֶּלֶב	מַגָּפַיִם
kadoor	kova	kelev	magafa'yeem

31

מִסְפָּרִים *meespa**reem*** Numbers

1 אַחַת
achat one

2 שְׁתַּיִם
***shta'y**eem* two

3 שָׁלוֹשׁ
*sha**losh*** three

4 אַרְבַּע
*ar**ba*** four

5 חָמֵשׁ
*cha**mesh*** five

1 אַחַת ***achat*** one

2 שְׁתַּיִם ***shta'y**eem* two

3 שָׁלוֹשׁ *sha**losh*** three

4 אַרְבַּע *ar**ba*** four

5 חָמֵשׁ *cha**mesh*** five